NATIONAL GEOGRAPHIC

Hongos divertidos

EDICIÓN PATHFINDER

Por Darlyne A. Murawski

CONTENIDO

Los hongos nos rodean

Los hongos se esconden bajo la tierra y en los árboles. También flotan en la brisa. Puedes encontrarlos en el refrigerador e incluso en el espacio.

Por Darlyne A. Murawski

Es de noche y estoy de excursión explorando un bosque oscuro. Apago la linterna. A medida que mis ojos se acostumbran a la oscuridad, el bosque que me rodea empieza a brillar con una extraña luz verdosa. ¿Qué hay alrededor mío?

Apunto con la linterna hacia un punto brillante y la vuelvo a encender. El haz de luz ilumina un grupo de brillantes setas anaranjadas. Estas setas de color calabaza resplandecen en la oscuridad.

Sin embargo, a decir verdad, no importa dónde estoy ni qué hora es. Para mí, buscar setas es como buscar tesoros.

Soy bióloga, o sea, una científica que estudia los seres vivos. Paso mucho tiempo **observando** organismos. De todos los que he estudiado, tal vez las setas y otros **hongos** sean los más misteriosos.

Un reino especial

Esto es algo que te puede sorprender acerca de los hongos: no son plantas. Claro, muchas setas brotan de la tierra. Algunas, incluso, parecen plantas, pero las plantas fabrican su propio alimento. Los hongos no pueden hacerlo.

Los hongos tampoco son animales. Por ejemplo, los animales pueden moverse por sí mismos pero los hongos no pueden hacerlo. Sin embargo, sí tienen algo en común con los insectos. Los hongos tienen en su interior una sustancia llamada quitina. Es la misma sustancia que compone el rígido exoesqueleto de los insectos.

Los hongos no son ni plantas ni animales. Los científicos los clasifican en su propio **reino**, o grupo de organismos similares. El reino de los hongos incluye todos los organismos desde los champiñones de la pizza, pasando por las levaduras que hacen que el pan sea esponjoso, hasta los mohos que les dan a los emparedados viejos ese aspecto tan desagradable.

Los científicos creen que en la Tierra crecen un millón y medio de tipos de hongos. Muchos crecen en lugares cálidos y húmedos. Puedes encontrar hongos que crecen en algunos lugares muy inusuales, como la Antártida, ¡e incluso dentro de la estación espacial!

Luces nocturnas. *Las brillantes setas naranjas forman un anillo alrededor de este tronco de árbol. Por la noche (arriba), brillan en la oscuridad.*

Velos de novia. *Estas setas crecen en el bosque tropical de Australia. ¿Por qué crees que algunos las llaman velos de novia?*

Extraño y peligroso. *Muchas setas son venenosas. Algunas setas que son seguras para comer tienen parientes de aspecto similar que son venenosos. Puedes mirarlas, pero no las toques ni las pruebes.*

Caperuzas rojas. *Estos hongos con forma de bonete crecen en grupos color rojo rubí.*

Bonete azul. *Estas setas vienen en muchos colores, como esta.*

Un mundo escondido

Misteriosos y esquivos, los hongos a menudo se esconden en los rincones oscuros del planeta. No los ves, pero ahí están. Tomemos como ejemplo una seta típica: la bella pero venenosa amanita muscaria. Pasa la mayor parte de su ciclo de vida debajo de la tierra.

La amanita muscaria comienza siendo una pequeña **espora**, una fase necesaria para crear nuevos hongos. Primero, la espora brota debajo de la tierra y crece en forma de hilo. El hilo se ramifica y se expande en el suelo húmedo, haciéndose cada vez más y más largo. Con el tiempo forma una estera gruesa. Cuando los hilos de dos esporas distintas se unen, pueden desarrollar "cuerpos fructíferos". Ustedes los conocen como setas.

El cuerpo fructífero empuja hacia arriba y emerge de la tierra. Forma un pie (o tallo) robusto y un sombrero de color rojo o amarillo con manchas. El sombrero en forma de bola se abre como un paraguas en miniatura.

Láminas delgadas llamadas laminillas recubren el interior del sombrero. Se parecen a los rayos de una rueda de bicicleta. Las laminillas de una sola seta pueden contener millones de esporas, que maduran y finalmente se desprenden de estas.

Las esporas de los hongos son tan livianas que pueden ser transportadas por el viento. Algunas viajan unos 1600 kilómetros (1000 millas) antes de caer al suelo.

Primer plano. *Esta imagen microscópica muestra las esporas ubicadas en las laminillas de una seta.*

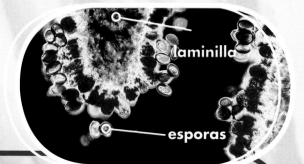

laminilla

esporas

Te presentamos a un hongo

Las **laminillas** contienen las esporas.

El **sombrero** es la parte superior de la seta.

El **pie** (o tallo) sostiene el sombrero.

Esparciendo esporas

Otros hongos esparcen las esporas de diferentes maneras. El hongo denominado huevo del diablo, por ejemplo, huele a carne podrida, lo cual atrae a las moscas. Las esporas del huevo del diablo se adhieren a las patas de la mosca visitante. Cuando la mosca se va, se lleva consigo las esporas del hongo. Dondequiera que la mosca se pose puede nacer algún día un nuevo huevo del diablo.

Luego está el hongo nido de pájaro. Se ve como un nido con huevos, ¡excepto que es del tamaño de un guisante! Cada parte con forma de huevo está llena de esporas. Cuando una gota de lluvia cae sobre el nido, los huevos se esparcen por el suelo y se rompen. Pronto crecerán allí nuevos hongos nido de pájaro.

Me encanta el delicado hongo nido de pájaro, pero mi favorito absoluto es el hongo lanzador o pilobolus. Para hallar hongos lanzadores elijo un día soleado y salgo a explorar cerca de mi casa. También escucho con mucho cuidado mientras camino por el bosque.

De repente escucho un estallido agudo, luego otro. A mis pies, veo un pequeño hongo lanzador. Este hongo tiene un pequeño saco de aire escondido debajo del sombrero. A medida que el sol calienta el aire, este se expande, lo que hace que el saco se infle cada vez más como un globo. De repente, ¡explota! El sombrero sale despedido por el aire, llevando consigo las esporas.

Algunas esporas del hongo lanzador se adhieren a las hojas. Los conejos, los ciervos y otros animales mastican y tragan las hojas junto con esporas. ¡Perfecto! Las esporas del hongo lanzador pueden comenzar a crecer solo después de pasar por el sistema digestivo del animal.

Huevos impostores. *Cada hongo nido de pájaro es del tamaño de un guisante.*

Trucos de sombrero. *El calor hace que reviente el saco de aire de este hongo lanzador, haciendo que salga volando la espora en forma de bonete negro.*

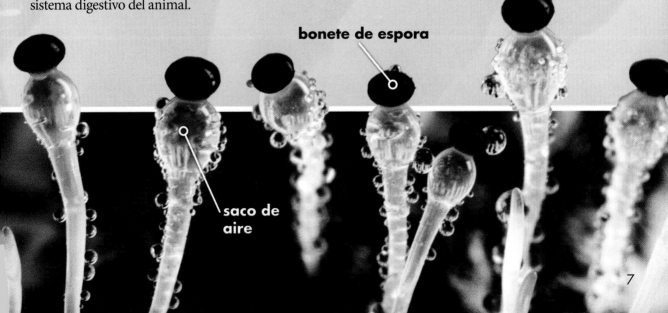

bonete de espora

saco de aire

Caldo viscoso

Para crecer, los hongos necesitan alimentarse. A diferencia de las plantas, los hongos no pueden fabricar su propio alimento, por lo que tienen que encontrar comida. ¡Por suerte, su comida está donde crecen!

Muchos hongos brotan de las cosas muertas, como troncos, hojas marchitas o incluso animales. Los hongos exudan una sustancia química que convierte todo lo que los rodea en un caldo viscoso. Seguidamente, los hongos absorben la sustancia viscosa.

Esto puede sonar desagradable, pero los hongos son una parte muy importante de la cadena alimentaria. Por ser **descomponedores**, convierten los desperdicios de la naturaleza en alimentos para sí mismos y en nutrientes para otros organismos. ¡Son recicladores por excelencia!

No obstante, no todos los hongos se alimentan de cosas muertas. Algunos son depredadores y tienen que capturar su cena. Hay un tipo de hongo que pone trampas en el suelo para atrapar pequeños gusanos. Algunas de las trampas son pegajosas, mientras que otras envuelven a la presa como una boa constrictora. Cuando un gusano cae en una trampa, en poco tiempo el hongo comienza a crecer en forma de hilos a través del gusano vivo. Así es; el hongo empieza a comerse el gusano mientras el gusano está aún vivo. El gusano no la pasa muy bien, pero creo que es una parte muy interesante de la cadena alimentaria.

Liquidadores de troncos. *Con el tiempo, estos hongos se comerán este tronco entero. Eso ayuda a limpiar el bosque.*

Productores de hongos

Por supuesto, es muy común también que los hongos se conviertan en comida sabrosa. ¿Alguna vez comiste una pizza con champiñones? Si tu respuesta es sí, entonces has comido hongos. Tanto la levadura de la masa de la pizza como los champiñones que están en la superficie son hongos. Los ciervos, las babosas y ciertos insectos de colores brillantes llamados escarabajos de los hongos también se alimentan de las setas.

Las hormigas cortadoras de hojas llevan el arte culinario de hongos a otro nivel. Son productoras de hongos. Cuando visito los bosques tropicales en América del Sur, me encanta observar estas hormigas trabajando arduamente. Cortan trozos de hojas de los árboles. Luego, una por una, marchan por el tronco llevando sobre la cabeza sus trocitos de hojas, como si fueran banderas, y desaparecen en su nido subterráneo.

¿Estarán por cenar una ensalada de hojas? No. Ellas llevan las hojas a un jardín subterráneo: un jardín de hongos. Los hongos se alimentan de las hojas. A continuación, las hormigas comen pedacitos sabrosos de los hongos.

No es necesario ir a América del Sur para encontrar hongos fabulosos. Yo encuentro muchos en el patio de mi casa. Los puedes encontrar en todos lados. Cuando los encuentres, piensa en su mundo oculto y misterioso.

Vocabulario

espora: parte reproductiva de los hongos

descomponedor: organismo que ayuda a descomponer la materia muerta

hongos: grupo de organismos entre los que se incluyen las setas, los mohos, los líquenes y las levaduras

observar: mirar con atención y tomar nota de lo que ocurre

reino: grupo de organismos similares

Alimentando a los hongos. *Estas hormigas cortadoras de hojas llevan las hojas hacia su jardín de hongos.*

Escarabajo brillante. *Este escarabajo de los hongos se encuentra sobre un hongo con forma de estante en el tronco de un árbol.*

Setas, mohos y más

Más o menos un millón y medio de especies de hongos crecen en la Tierra, incluyendo las setas, los líquenes y los mohos. ¡Échale un vistazo a estos súper especímenes!

Más de 70 especies de hongos conocidos producen su propia luz. Durante el día estas setas se ven pardas, pero por la noche brillan en la oscuridad.

¿Sabías que algunos mohos pueden ser buenos para ti? ¡Este lo es! Se utiliza para fabricar un medicamento llamado penicilina. El hongo *penicillium* mata muchos tipos de bacterias que producen enfermedades.

Este moho negro y felpudo crece comúnmente en las frutas y las verduras. Incluso lo han encontrado en antiguas tumbas egipcias, probablemente gracias a los alimentos enterrados junto con los gobernantes. Aquí hay un primer plano.

Estos hongos planos parecen una pila de panqueques, ¡y huelen casi tan dulce como la cáscara de la sandía! Hay una especie de hongo estante capaz de alcanzar 30 centímetros (12 pulgadas) de ancho.

¿Son extraterrestres? No, pero estos pequeños hongos anaranjados realmente parecen algo que llegó del espacio exterior. Crecen en la madera en las zonas tropicales.

esporas que parecen humo

Esta seta estrella de tierra comienza pareciéndose a un huevo; luego su capa superior se desprende para darle una forma de estrella. Cuando una gota de lluvia cae sobre ella, sus esporas salen despedidas como una nube de humo.

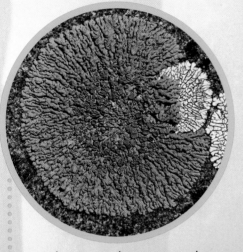

Estos líquenes planos y rizados crecen en casi cualquier tipo de superficie, incluyendo las rocas. Algunos líquenes son tan resistentes que pueden vivir en lugares extremos, desde la helada Antártida hasta los calientes desiertos.

cuerpo fructífero de color rojo

Estos son líquenes soldado británico. Sus cuerpos fructíferos son del mismo color que el uniforme tradicional de los soldados británicos. Los líquenes son parte hongo y parte alga.

Estos hongos pueden lucir bellos, ¡pero apestan! Los velos de novia son hongos hediondos o huevos del diablo. Su olor a carne podrida atrae a las moscas que se encargan de esparcir las esporas de las setas.

11

Esporas en abundancia

Piensa y responde estas preguntas sobre las setas y otros tipos de hongos.

1 ¿Por qué se considera que los hongos no son ni plantas ni animales?

2 Explica tres métodos usados por las setas para esparcir sus esporas.

3 ¿Cómo obtienen los hongos los alimentos que necesitan para sobrevivir?

4 ¿En qué sentido sería distinto nuestro mundo si no hubiese descomponedores en la cadena alimentaria?

5 ¿Qué otros tipos de hongos existen, además de las setas? ¿Qué los hace interesantes?